Maes Awyr

© Testun: Mererid Hopwood a Tudur Dylan Jones, 2019
© Dyluniad: Peniarth,
Prifysgol Cymru Y Drindod Dewi Sant, 2019

Golygwyd gan Elin Meek.

Arluniwyd gan Elena D'Cruze Reynolds.

Lluniau: © Shutterstock.com

Cyhoeddwyd yn 2019 gan Peniarth.

Mae Prifysgol Cymru Y Drindod Dewi Sant yn datgan ei hawl
moesol dan Ddeddf Hawlfraint, Dyluniadau a Phatentau 1988 i gael
ei hadnabod fel awdur a dylunydd y gwaith yn ôl eu trefn.

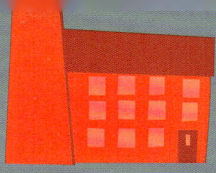

5

Siop y gornel

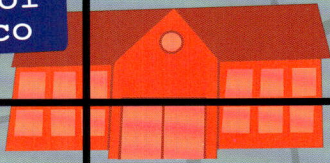

Ysgol Roco

Sio dega

4

TŶ Roco

Caffi

Coed hir

3

Afon y goedwig

2

Eglwys

Ll

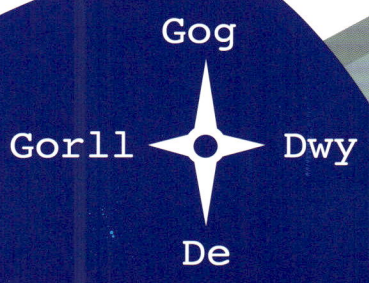

Gog

Gorll — Dwy

De

1

A   B   C

Castell

Maes Awyr →

Optegydd

Gorsaf drenau

Parc

Archfarchnad

Ch

D

Dd

E

Roedd mam Betsan, Betsan, Roco a Zee yn gyffrous
iawn. Roedden nhw'n mynd ar eu gwyliau gyda'i gilydd am
benwythnos i Baris. Roedden nhw wedi bod yn edrych
ymlaen at y penwythnos ers misoedd, ac roedden nhw wedi
cynllunio beth fydden nhw'n ei wneud erbyn iddyn nhw
gyrraedd Paris.

Cyrhaeddon nhw'r Maes Awyr yn gynnar i wneud yn siŵr bod digon o amser i fynd at y ddesg i ddangos y pasbort, ac i fynd drwy'r peiriant gweld-trwy-bopeth.

Croeso

Roedd Betsan, Roco a Zee wrth eu boddau'n gweld yr holl arwyddion, ac yn cael mynd i fyny ac i lawr ar hyd y grisiau symudol. O'r diwedd cyrhaeddon nhw'r Lolfa Ymadael, lle roedd pob math o siopau a lleoedd bwyta. Roedd digon o amser ganddyn nhw, felly cawson nhw ginio blasus a rhywbeth i'w yfed.

Drwy lwc, roedd ffenest fawr yn y Lolfa Ymadael lle roedden nhw'n gallu gweld yr awyrennau'n codi ac yn glanio. Ond wedi treulio hanner awr yn edrych ac yn rhyfeddu, gofynnodd Betsan i'w mam faint o amser oedd ar ôl tan i'w hawyren nhw fynd.

Gadael ✈	Amser
NEW YORK	17:05
BERLIN	13:30
MADRID	17:20
PARIS	18:00
AMSTERDAM	14:15

Edrychodd mam Betsan ar yr hysbysfwrdd mawr. "O!" meddai, yn llawn siom.

"Beth sy'n bod, Mam?" gofynnodd Betsan.

"Roedd yr awyren i fod i fynd am bedwar o'r gloch, ond mae'r hysbysfwrdd yn dweud mai am chwech mae hi'n mynd," atebodd mam Betsan.

"O does dim ots," meddai Roco. "Dw i'n mwynhau fy hun fan hyn. Does dim brys!"

"Dw i wedi cael syniad!" meddai Zee. "Beth am i ni lenwi'r amser yn chwarae cwis bach? Fe ofynnwn ni gwestiynau i'n gilydd!"

"Dyna syniad gwych!" meddai mam Betsan. "Ac fe allwch chi ofyn cwestiynau am y pethau welwch chi o'ch cwmpas chi."

"Ga i ddechrau?" gofynnodd Zee.

Gadael ✈	Amser
N E W Y O R K	1 7 : 0 5
B E R L I N	1 3 : 3 0
M A D R I D	1 7 : 2 0
P A R I S	1 8 : 0 0
A M S T E R D A M	1 4 : 1 5
T O K Y O	1 8 : 4 0
S Y D N E Y	1 8 : 5 5
F R A N K F U R T	1 9 : 2 0

Edrychodd o'i chwmpas a gweld yr enw 'Paris' i fyny ar yr hysbysfwrdd. Dyma fydd y cwestiwn cyntaf, meddyliodd!

"Ym mha wlad mae Paris?" gofynnodd Zee.

"Ffrainc!" gwaeddodd Roco.

"Cywir! Dos di nesaf," meddai Zee.

"Pa un yw'r lle pellaf: Paris, Madrid neu Efrog Newydd?"
gofynnodd Roco.

"Dw i'n gwybod," meddai Betsan, "Efrog Newydd."

"Cywir!" atebodd Roco.

"Rydych chi'n gwneud yn dda iawn," meddai Mam.

Gadael ✈	Amser
NEW YORK	17:05
BERLIN	13:30
MADRID	17:20
PARIS	18:00
AMSTERDAM	14:15

Yna cafodd Roco syniad arbennig. Mae Roco'n hoffi mathemateg, ac roedd yr hysbysfwrdd yn cynnig cyfle ardderchog iddo holi cwestiwn.

Roedd sgrin fawr yno, gydag enwau lleoedd ac amserau'r awyrennau.

"Mae awyren yn mynd i Berlin am hanner awr wedi un, ac un yn hedfan i Amsterdam am chwarter wedi dau. Sawl munud sydd rhwng y ddwy?"

Dechreuodd Zee feddwl. Os oedd un yn mynd am hanner awr wedi, a bod tri deg munud mewn hanner awr, yna ychwanegu un deg pum munud arall i wneud chwarter wedi. Tri deg ac un deg pump...

"Dw i'n gwybod," meddai Zee, "pedwar deg pum munud."

30 + 15 = 45 Munud

"Ti'n iawn," meddai Roco!

Tro Betsan oedd hi nawr i feddwl am gwestiwn.

"Ym mha wlad mae Efrog Newydd?" gofynnodd.

Roedd Zee yn gwybod yr ateb. "America," meddai.

"Ti'n iawn," meddai Betsan. "Dy dro di nawr."

Ceisiodd Zee feddwl am gwestiwn anodd. Edrychodd o gwmpas, a gweld poster am Brasil ar y wal.

"Beth yw prifddinas Brasil?"

Edrychodd Roco ar Betsan.

Edrychodd Betsan ar Roco.

Edrychodd Betsan a Roco ar fam Betsan.

Doedd dim un o'r ddau yn gwybod yr ateb i'r cwestiwn. Roedden nhw'n gobeithio y byddai mam Betsan yn gallu helpu. Ond cwis rhwng y plant oedd hwn, a doedd dim hawl gan oedolion i helpu.

"Dydyn ni ddim yn gwybod!" meddai Betsan a Roco gyda'i gilydd.

Edrychodd y ddau draw ar Zee gan ddisgwyl yr ateb. Ond doedd Zee ei hun ddim yn gwybod.

Doedd mam Betsan ddim yn gwybod yr ateb chwaith.

"Wel, sut gallwn ni wybod beth yw prifddinas Brasil?" gofynnodd Zee.

"Dw i'n gwybod," meddai mam Betsan. "Fe edrycha i ar fy ffôn i wneud yn siŵr."

Edrychodd mam Betsan ar ei ffôn, ond roedd neges ar y sgrin yn dweud nad oedd y we yn gweithio.

"O diar!" meddai mam Betsan. "Beth wnawn ni nawr?"

Yn sydyn, gwelodd Betsan ddynes yn cerdded drwy'r Lolfa Ymadael. Roedd hi'n gwisgo siwt a chap pig ar ei phen ac yn edrych yn bwysig iawn. Mae hon siŵr o fod yn beilot, ac yn gwybod popeth am bob rhan o'r byd, meddyliodd Betsan.

"Esgusodwch fi," meddai Betsan. "Ydych chi'n gwybod beth yw prifddinas Brasil?"

"Wel ydw, Brasilia," meddai'r peilot, "ac fel mae'n digwydd dw i'n mynd yna'r funud yma."

"Wel, dyna lwc," meddai Betsan. Edrychodd ar ei mam. "Y tro nesaf byddwn ni'n hedfan, allwn ni fynd i Brasilia?!"

Roedd Betsan wedi dechrau breuddwydio'n barod!

Yn y maes awyr

Ymadael

1

- Cael eich tocynnau.
- Pwyso eich cês rhag ofn ei fod yn rhy drwm! Yna, mae'n cael ei gymryd i ffwrdd i'r awyren.

2

GWIRIAD DIOGELWCH!
Mae'n rhaid sganio'ch bag llaw...
a chi'ch hun!

5

I ffwrdd â chi!
Mwynhewch!

4

Weithiau, mae'n rhaid aros yn y Lolfa Ymadael am ychydig, ond mae digon i'w wneud gan amlaf – siopa a bwyta!

3

Mae'n rhaid dangos eich pasbort i brofi mai chi ydych chi!

MaLP 19/06/2020